Grains de Bible

Grains de Bible

28 récits de l'Ancien et du Nouveau Testament
illustrés par Kees de Kort

Alliance biblique universelle

Edition originale en néerlandais : « Kijkbijbel », éd. Nederlands Bijbelgenootschap

ISBN 2 85300 528 3
SBF 5055 – 2K – 2003
Imprimé aux Pays-Bas

Grains de Bible

voudrait semer l'amour de la Bible...

28 « *Grains de Bible* » ont été sélectionnés dans l'Ancien et le Nouveau Testament.
Les récits correspondent à ceux de la collection *Ce que nous dit la Bible*, et le texte suit de très près la nouvelle traduction en français fondamental. Son vocabulaire et son style sont accessibles aux jeunes lecteurs. Pour ceux qui ne savent pas lire, le récit se comprend aisément à l'écoute.

Grains de Bible, c'est aussi le visage, les gestes, les expressions que Kees de Kort a su donner aux personnages de la Bible. A eux seuls, ces dessins qui ont fait le tour du monde racontent l'essentiel du récit.

Pour voir germer ces *Grains de Bible*, les enfants auront aussi besoin de leurs parents, de leurs grands-parents ou de leurs aînés, qui sauront les lire, les raconter et les faire vivre. Le lecteur curieux trouvera dans la table des matières les références aux passages bibliques d'où sont tirés nos *Grains de Bible*. Et peut-être aura-t-il le goût d'aller explorer ce grand « grenier » qu'est la Bible à la recherche d'autres grains. Notre espoir de faire aimer la Bible sera alors comblé.

Les éditeurs

Table des matières

Dieu crée le ciel et la terre

Au commencement, Dieu crée le ciel et la terre.
La terre est comme un grand vide.
Elle est dans la nuit.
Dieu dit : « Je veux que la lumière brille ! »
Et la lumière se met à briller.
Dieu voit que la lumière est une bonne chose.
Alors il sépare la lumière de l'obscurité.
Dieu appelle la lumière « jour »
et l'obscurité, il l'appelle « nuit ».
Et le premier jour est fini.

Le deuxième jour,
Dieu fait le ciel bleu et les nuages.
Et le deuxième jour est fini.

Le troisième jour, Dieu dit :
« Je veux que toute l'eau se rassemble au même endroit.
Alors on verra le sol. »
Et cela arrive.
Dieu appelle le sol « terre »
et l'eau, il l'appelle « mer ».
Dieu dit encore : « Je veux que l'herbe verte pousse sur la terre,
avec toutes sortes de plantes, de fleurs et d'arbres. »
Et cela arrive.
Dieu voit que c'est une bonne chose.
Et le troisième jour est fini.

Le quatrième jour, Dieu dit :
« Je veux des lumières dans le ciel
pour séparer le jour et la nuit.
Elles éclaireront la terre. »
Et cela arrive.
Dieu fait d'abord le soleil, pour le jour.
Pour la nuit, il fait la lune et les étoiles.
Dieu voit que c'est une bonne chose.
Le quatrième jour est fini.

Le cinquième jour, Dieu dit :
« Je veux que des poissons et toutes sortes d'animaux vivent dans la mer. »

Il dit encore :
« Je veux que toutes sortes d'oiseaux
volent dans le ciel. »
Dieu voit que c'est une bonne chose.
Et Dieu dit aux poissons, aux animaux de la mer
et aux oiseaux :
« Faites des petits. Devenez nombreux. »
Et le cinquième jour est fini.

Le sixième jour,
Dieu fait les animaux domestiques, les petites bêtes
et les animaux sauvages de chaque espèce.
Dieu voit que c'est une bonne chose.

Enfin, Dieu dit : « Faisons les êtres humains !
Je veux qu'ils me ressemblent vraiment.
Je veux qu'ils commandent aux poissons,
aux oiseaux et à tous les autres animaux
et qu'ils prennent soin d'eux. »
Dieu crée alors les êtres humains.
Il les crée homme et femme. Il les bénit et leur dit :
« Ayez des enfants. Devenez nombreux. »
Dieu regarde tout ce qu'il a fait.
Et il voit que c'est une très bonne chose.
Alors le sixième jour est fini.

Ainsi, le ciel et la terre et tout ce qu'on y voit
sont terminés.
Le septième jour, Dieu se repose
de tout le travail qu'il a fait.

Voilà comment Dieu a créé le ciel et la terre.

L’arche de Noé

Mais voici ce que Dieu voit maintenant :
sur la terre,
les gens deviennent de plus en plus méchants.
Toute la journée,
ils ne pensent qu’à faire le mal.
Dieu regrette d’avoir fait les êtres humains sur la terre
et son cœur est plein de tristesse.
Alors il dit : « Je vais mettre fin à tout cela. »

Il y a un seul ami de Dieu sur la terre : c'est Noé.
Il ne vit pas comme les autres,
mais il fait ce qui plaît à Dieu.
Il n'oublie pas Dieu,
et Dieu ne l'oublie pas.

Dieu dit à Noé :
« Je regrette d'avoir fait les êtres humains sur la terre.
Maintenant, je vais mettre fin à tout,
je vais les faire disparaître.
Mais toi, construis un grand bateau, une arche.
Je veux te sauver avec ta femme et tes enfants. »

Noé fait tout ce que Dieu lui a commandé.
Il construit un grand bateau :
il mesure près de 150 mètres de long et il a trois étages.

Quand le bateau est prêt, il commence à pleuvoir.
La pluie continue de tomber pendant des semaines.
Il y a de l'eau, de l'eau partout.

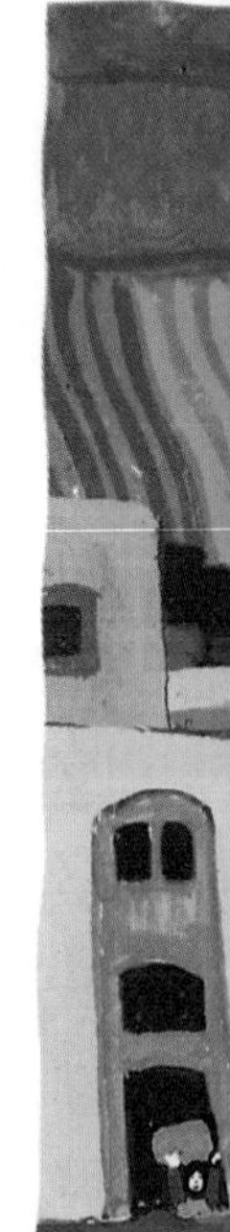

Noé entre dans l'arche avec sa famille.
Il fait entrer aussi deux animaux de chaque espèce,
un mâle et une femelle, comme Dieu l'a commandé.

Ensuite, Dieu ferme la porte derrière eux.

L'eau monte, elle soulève le bateau.
L'eau monte de plus en plus, elle couvre même les montagnes.
Partout les êtres humains et les animaux se noient.
Noé et ceux qui sont avec lui dans l'arche
sont les seuls vivants, et Dieu ne les oublie pas.
Enfin, la pluie arrête de tomber.
Petit à petit, l'eau baisse.

On voit de nouveau les montagnes.
L'arche reste accrochée au sommet d'une montagne.
Après quarante jours, Noé ouvre une fenêtre
et lâche une colombe.
Mais la colombe ne trouve pas d'endroit
où poser ses pattes.
L'eau couvre encore toute la terre.
Alors la colombe revient vers l'arche.
Noé attend sept jours,
puis il lâche de nouveau la colombe.
Vers le soir, elle revient, et cette fois-ci
elle tient une branche d'olivier dans son bec.
Ainsi Noé sait que l'eau a baissé sur la terre.

Il attend encore sept jours,
puis il lâche de nouveau la colombe.
Cette fois, elle ne revient plus.
Alors Noé enlève le toit de l'arche
et il regarde dehors :
la surface de la terre est sèche.

Dieu dit à Noé :
« Maintenant, sors de l'arche avec toute ta famille.
Fais sortir aussi tous les animaux.
Il faut qu'ils fassent des petits
et qu'il y ait de nouveau des animaux sur la terre. »

Alors Noé construit un autel et remercie Dieu.
Les hommes et les animaux
peuvent de nouveau vivre sur la terre.
Le soleil brille de nouveau. Un arc-en-ciel apparaît !
Dieu dit : « Quand je verrai l'arc-en-ciel
je penserai aux hommes et aux animaux, à tous les êtres vivants.
Je ne vous abandonnerai jamais, je vous le promets. »

Abraham

Abraham et sa femme Sara habitent très loin,
au bord d'un grand fleuve.
Ils ont là leur maison et tous les gens de leur famille.
Ils sont déjà très âgés, mais ils n'ont pas d'enfant.

Dieu dit à Abraham :
« Quitte ton pays, les gens de ta famille
et la maison de ton père.
Puis va dans le pays que je vais te montrer.
Je ferai naître de toi un grand peuple.
Je te bénirai et je rendrai ton nom célèbre.
Je bénirai les autres à cause de toi. »

Abraham s'en va
comme Dieu l'a demandé.
Il prend avec lui sa femme Sara
et son neveu Loth.
Ils emmènent toutes leurs richesses,
leurs bergers et leurs troupeaux.

Après un long voyage, ils arrivent dans un autre pays
qui s'appelle Canaan.
Dieu dit à Abraham :
« Tout le pays que tu vois,
je te le donne pour toujours,
à toi, à tes enfants et aux enfants de tes enfants. »

Abraham construit un autel pour Dieu.
Il prie et le remercie là,
dans ce pays qu'il lui donne.

Abraham et Sara
deviennent de plus en plus vieux.
Une nuit, Abraham dit à Dieu :
« Tu m'avais promis un enfant.
Mais je vais bientôt mourir
tu ne m'as toujours pas donnée d'enfant.
Est-ce que tu as oublié ta promesse ? »

Alors, Dieu conduit Abraham hors de la tente. Il lui dit :
« Regarde le ciel et compte les étoiles, si tu peux.
Tes enfants et les enfants de tes enfants
seront aussi nombreux. »
Et Abraham a confiance en Dieu.

Un jour, Abraham est assis à l'entrée de sa tente.
C'est le moment le plus chaud de la journée.
Tout à coup,
il voit trois hommes debout, près de lui.
Abraham les invite chez lui
pour qu'ils se reposent.
Les visiteurs entrent
et Sara se dépêche
de préparer un très bon repas.
Ils mangent et Abraham reste près d'eux.

Les visiteurs disent à Abraham :
« Où est ta femme, Sara ?
« Elle est là, dans la tente », répond Abraham.
L'un des visiteurs dit :
« Dans une année, je reviendrai,
et ta femme aura un fils. »

Sara est à l'entrée de la tente et elle écoute.
Elle se met à rire et pense :
« Vraiment, je suis trop vieille. Mon mari aussi est vieux.
Comment est-ce que nous pourrions avoir un enfant ? »
L'homme dit a Abraham :
« Sara a ri. Pourquoi donc ?
Est-ce qu'il y a quelque chose d'impossible pour Dieu ? »

Dieu fait pour Sara ce qu'il a promis.
Elle devient enceinte et au moment annoncé par Dieu,
elle donne un fils à Abraham.
Abraham l'appelle Isaac.

Maintenant,
tous les deux rient de bonheur,
parce qu'ils ont un enfant.

Dieu fait ce qu'il promet !

Esaü et Jacob

Les années passent.
Isaac est devenu un homme. Il s'est marié avec Rébecca.
Ils ont deux fils, des jumeaux.
Ils s'appellent Esaü et Jacob.
Esaü est l'aîné et Jacob le cadet.

Les garçons grandissent.
Esaü devient un bon chasseur.
Isaac préfère Esaü parce qu'il aime la viande de chasse.

Jacob est un homme tranquille,
qui reste près de sa tente.
Rébecca préfère Jacob.
Un jour, Dieu avait dit à Rébecca :
« L'un sera plus fort que l'autre,
et le grand servira le petit. »

Isaac est devenu très vieux.
Sa vue a beaucoup baissé et il ne voit plus rien.
Un jour, il appelle Esaü et lui dit :
« Je ne sais pas
combien de temps je vais vivre encore.
Va donc à la chasse,
puis prépare-moi un plat de viande comme je l'aime.
Apporte-le-moi et je le mangerai.
Ensuite, je te donnerai ma bénédiction
avant de mourir. »

Rébecca écoute ce qu'Isaac dit à Esaü.
Alors, elle appelle Jacob et lui dit :
« Va chercher deux petites chèvres dans le troupeau.
Je préparerai un plat de viande comme ton père l'aime.
Tu l'apporteras à ton père, il le mangera
et ensuite il te donnera sa bénédiction avant de mourir. »
Jacob répond à sa mère :
« Esaü est couvert de poils, mais pas moi.
Si mon père me touche,
il va découvrir que je ne suis pas Esaü. »

Sa mère lui dit :
« Fais comme je te dis, et apporte-moi les petites chèvres. »
Jacob va les chercher et Rébecca prépare le plat.
Ensuite, elle prend les plus beaux vêtements d'Esaü
et les fait mettre à Jacob.
Elle lui met aussi la peau des petites chèvres
sur les bras et sur le cou pour qu'il soit poilu.
Puis elle donne à Jacob le bon plat qu'elle a préparé.

Jacob entre dans la tente de son père Isaac.
Isaac demande : « Qui es-tu ? Jacob ou Esaü ? »
Jacob répond à son père : « Je suis Esaü, ton fils aîné.
J'ai fait ce que tu m'as demandé.
Viens donc manger de ma viande.
Ensuite, tu me donneras ta bénédiction. »
Isaac touche Jacob et lui dit : « Est-ce que tu es bien Esaü ?
La voix est celle de Jacob,
mais les mains sont celles d'Esaü. »

Isaac mange, puis il donne sa bénédiction à Jacob.
Il dit : « Que Dieu te donne de bonnes récoltes,
du blé et du vin.
Que des peuples soient à ton service.
Sois le chef de ton frère,
et qu'il se mette à genoux devant toi ! »

Jacob sort de la tente de son père.
Au même moment, Esaü revient de la chasse.
Il prépare un bon plat et l'apporte à Isaac, lui aussi.
Il dit : « Mange de ma viande, père,
ensuite tu me donneras ta bénédiction. »
Alors Isaac est bouleversé et il dit à Esaü :
« Ton frère est venu avant toi et il m'a trompé !
C'est à lui que j'ai donné ma bénédiction,
et il restera béni. »

Esaü se met en colère.
Il déteste son frère parce que
Jacob a reçu la bénédiction de leur père.
Esaü se dit :
« Quand mon père sera mort,
je tuerai Jacob ! »
Mais Rébecca dit à Jacob : « Pars d'ici !
Fuis chez mon frère Laban,
qui habite loin d'ici. »
Et Jacob s'en va.

Quand
le soleil
se couche,
Jacob s'arrête.
Il s'étend pour dormir en plaçant une pierre sous sa tête.
Il fait un rêve.
Il voit une échelle qui monte de la terre jusqu'au ciel.
Des anges de Dieu montent et descendent
le long de cette échelle.
Dieu se tient près de Jacob et lui dit :
« Je suis le Seigneur,
le Dieu de ton grand-père Abraham et d'Isaac, ton père.
La terre où tu es couché,
je te la donnerai, à toi,
à tes enfants et aux enfants de tes enfants.
A cause de toi et de ta famille,
je bénirai tous les peuples de la terre.
Moi, je suis avec toi. Je ne t'abandonnerai jamais.
Je ferai tout ce que je t'ai promis. »

Jacob se réveille et il dit :
« C'est sûr, Dieu est ici,
et je ne le savais pas !
Cet endroit me fait peur.
C'est vraiment la porte du ciel.
Je vais l'appeler Béthel, c'est-à-dire Maison de Dieu. »
Jacob se lève tôt.
Il prend la pierre qui était sous sa tête et la met debout.
Il verse de l'huile dessus
pour montrer que cet endroit appartient à Dieu.
Puis il se remet en marche.
Et Dieu est avec lui dans son voyage.

Joseph

Jacob est devenu un homme.
Il s'est marié et il a douze fils.
L'un d'eux s'appelle Joseph,
et Jacob l'aime plus que tous ses autres enfants.
Jacob lui fait faire un très beau vêtement.
Ses frères voient que leur père l'aime plus qu'eux tous.
Ils sont jaloux et commencent à détester Joseph.
Alors ils décident de se débarrasser de lui.

Les frères de Joseph sont des bergers.
Ils partent dans la campagne
pour garder les chèvres et les moutons de leur père.
Mais Joseph reste à la maison.
Un jour, Jacob lui dit :
« S'il te plaît, va voir si tes frères vont bien
et si le troupeau est en bon état. »
Alors Joseph s'en va.
Ses frères le voient de loin, et ils se disent entre eux :
« Maintenant, nous allons tuer Joseph ! »
Ils l'attrapent et le jettent dans une citerne,
qui est vide, sans eau.

Un peu plus tard,
des marchands du pays de Madian passent par là.
Alors les frères retirent Joseph de la citerne
et le vendent aux marchands.
Ces marchands emmènent Joseph en Egypte
et ils le vendent là-bas comme esclave.

En Egypte, il y a un grand fleuve, le Nil.
Il y a beaucoup d'habitants dans ce pays,
et ils ont d'immenses champs de blé pour se nourrir.
Le roi d'Egypte s'appelle le Pharaon.

Une nuit, le Pharaon fait un rêve :
Il se trouve au bord du Nil,
et il voit sept belles vaches bien grasses
sortir du fleuve.
Elles se mettent à manger de l'herbe
au bord du fleuve.

Ensuite, sept autres vaches sortent du fleuve.
Mais celles-ci sont affreuses et toutes maigres.
Elles s'approchent des vaches belles et grasses
et les dévorent.

Le lendemain matin,
le Pharaon appelle tous les savants d'Egypte.
Il leur raconte son rêve,
mais personne ne peut lui expliquer
ce que ce rêve signifie.

Alors quelqu'un raconte au Pharaon
que Joseph sait expliquer des rêves.
Le Pharaon fait donc venir Joseph et lui dit :
« Est-ce que tu peux expliquer
ce que mon rêve signifie ? »

Joseph répond : « Moi, non ! Mais Dieu, oui !
C'est lui qui peut te donner l'explication de ton rêve.

Ecoute, par ce rêve Dieu veut te montrer ce qu'il va faire.
D'abord, il y a les sept belles vaches bien grasses.
Cela signifie que, pendant sept ans,
il y aura de très bonnes récoltes de blé en Egypte.
Mais ensuite, il y a les sept vaches affreuses et maigres.
Cela signifie qu'après, pendant sept ans aussi,
plus rien ne poussera en Egypte.
Si tu ne fais rien, Pharaon, les gens mourront de faim ! »

Et Joseph ajoute :
« Il faut faire construire des magasins de réserves.
On y gardera le blé en trop des bonnes années. »
Le Pharaon répond : « C'est une bonne idée, Joseph.
C'est toi l'homme le plus intelligent.
Maintenant, c'est donc toi
qui vas commander dans toute l'Egypte.
C'est toi
qui vas faire construire des magasins de réserves.
Et c'est toi qui vas ramasser le blé en trop
et qui le distribueras plus tard. »

Pendant sept ans, il y a de très bonnes récoltes
et les gens ont même trop de blé.
Alors Joseph fait ramasser le blé en trop
pour remplir les magasins de réserves.
Mais les sept bonnes années passent.
Les sept mauvaises années commencent.
Dans tous les pays les gens ont faim,
mais l'Egypte a des réserves.
Alors Joseph ouvre tous ses magasins de réserves
pour vendre du blé aux Egyptiens.
Les gens viennent aussi des autres pays
pour acheter du blé à Joseph.

Même les frères de Joseph viennent en Egypte
pour acheter de la nourriture.
Joseph reconnaît ses frères
et il leur pardonne tout le mal qu'ils lui ont fait.
Il leur dit : « Allez chercher Jacob, notre père.
Venez tous en Egypte.
Ici il y a assez de nourriture pour tous. »
Alors Jacob vient en Egypte avec toute sa famille.
Et Dieu est toujours avec lui.

La sortie d'Egypte

La famille de Jacob habite en Egypte.
C'est le roi d'Egypte, le Pharaon, qui lui a permis
de s'installer au meilleur endroit du pays.
Longtemps après, cette famille est devenue un peuple,
les Israélites.
Le roi qui dirige maintenant l'Egypte n'a pas connu Joseph.
Ce roi trouve les Israélites trop nombreux.
Il les fait travailler durement, comme des esclaves.
Il les oblige à faire des briques et à construire des villes.
Les Egyptiens essaient d'écraser les Israélites
par toutes sortes de travaux pénibles.

Mais un jour, Dieu appelle Moïse, un Israélite.
Il lui dit :
« J'ai vu le malheur de mon peuple en Egypte.
Je l'ai entendu crier, je connais ses souffrances.
Je suis donc venu pour le délivrer des Egyptiens.
Va trouver le Pharaon
et dis-lui de laisser partir les Israélites.
En effet, je veux vous conduire dans un pays beau et grand,
riche en lait et en miel. »
Mais le Pharaon ne veut pas laisser partir les Israélites.
C'est pourquoi Dieu frappe l'Egypte
en lui envoyant dix malheurs.

Alors le Pharaon a peur.
Il fait chercher Moïse et il lui dit :
« Quittez mon pays ! Vite !
Allez-vous-en, toi et tous les Israélites !
Sinon nous mourrons tous ! »
Et la même nuit,
les Israélites rassemblent leurs troupeaux et leurs affaires.
Ils emportent à boire et à manger et se mettent en route.

Les Israélites marchent
pendant des jours et des nuits.
Moïse les conduit.
Puis, ils arrivent près de la Mer des Roseaux,
et c'est là qu'ils plantent leurs tentes.

Le Pharaon apprend
que les Israélites sont vraiment partis.
Alors, il change d'avis
et regrette de les avoir laissés partir.
Il dit à ses serviteurs :
« Mais qu'est-ce que nous avons fait là ?
Maintenant, nous n'avons plus d'esclaves. »
Aussitôt, le Pharaon fait atteler son char
et il part avec ses soldats.
Ils poursuivent les Israélites.

Quand les Israélites voient le Pharaon
et ses soldats qui approchent,
ils ont très peur.
Ils se fâchent contre Moïse et lui disent :
« Pourquoi
est-ce que tu nous as amenés ici ?
Nous allons mourir !
Pourquoi
est-ce que tu nous as fait sortir d'Egypte ? »
Mais Moïse répond : « N'ayez pas peur !
Vous allez voir
comment Dieu va nous sauver aujourd'hui. »

Puis Dieu dit à Moïse :
« Lève ton bâton au-dessus de la mer. »
Moïse obéit.
Un vent d'est très fort commence à souffler sur la mer.
Alors la mer s'ouvre et un chemin sec apparaît.

Ainsi, les Israélites avancent au milieu de la mer.
L'eau forme un grand mur à leur droite et à leur gauche.
Mais là où ils marchent, c'est sec.

Les soldats du Pharaon
poursuivent les Israélites.
Ils veulent les attraper
et les ramener en Egypte.
Ils entrent donc derrière eux dans la mer.

Mais les roues de leurs chars se bloquent.
Ils n'arrivent plus à avancer.
Les Israélites se dépêchent de traverser la mer.
Quand ils arrivent de l'autre côté, le vent s'arrête.
L'eau reprend sa place.
Et tout à coup,
tous les Egyptiens se retrouvent dans l'eau
et ils se noient tous.

Maintenant
les Israélites sont vraiment libres !
Ils sont joyeux.
Ils reconnaissent que Dieu est grand
et ils croient en lui.

En route vers le pays promis

Les Israélites sont sauvés.
Ils continuent leur marche vers le pays
que Dieu leur a promis.
Derrière eux il y a l'Egypte, devant eux, le désert.

Pendant des semaines, ils marchent dans le désert.
Il fait chaud et sec.
On ne trouve pas d'eau dans le désert,
et les Israélites n'ont plus de provisions.
Ils ont faim et soif.

Alors ils se fâchent contre Moïse.
Ils vont lui dire :
« Pourquoi est-ce que tu nous as fait venir dans ce désert ?
Nous allons mourir !
Il valait mieux rester en Egypte !
Là-bas nous avions beaucoup à manger. »

Mais Dieu n'abandonne pas son peuple.
En effet, les Israélites trouvent de l'eau.
Et un matin,
le sol du désert est couvert de petits grains blancs,
qui ont un goût de gâteau au miel.
« Qu'est-ce que c'est ? » crient les Israélites.
Et Moïse répond :
« C'est le pain que le Seigneur vous donne à manger. »
Les Israélites appellent cette nourriture « manne ».

Il faut beaucoup de temps
pour traverser le désert,
et c'est dangereux.
Un peuple étranger attaque les Israélites.

Alors Moïse monte sur une colline
pour prier Dieu.

Quand Moïse lève un bras,
les Israélites sont les plus forts.
Mais quand il laisse retomber son bras,
les ennemis sont les plus forts.
Moïse commence à être fatigué,
mais des gens l'aident à garder les deux bras levés.
Ainsi, les ennemis des Israélites sont battus
et prennent la fuite.

Longtemps après, les Israélites arrivent
au pied d'une montagne appelée Sinaï.
C'est là qu'ils plantent leurs tentes
pour se reposer un peu.

Moïse monte sur la montagne pour rencontrer Dieu.
Dieu l'appelle et lui dit :
« Ecoute, Moïse. Je suis le Seigneur, votre Dieu.
C'est moi qui vous ai fait sortir d'Egypte
où vous étiez esclaves.
Je suis votre Dieu et vous êtes mon peuple. »

Ensuite, Dieu lui dit des choses
très importantes pour la vie du peuple.
Moïse écrit cela
sur deux grandes pierres plates.
Voici ce que Dieu commande :

« Je suis le Seigneur, ton Dieu.
Tu ne dois pas adorer d'autres dieux. Je veux être ton seul Dieu.
Tu ne feras pas des statues de faux dieux.
Ne te sers pas de mon nom n'importe comment.
Le dernier jour de la semaine, le sabbat, est à moi,
n'oublie pas de le garder pour moi.
Respecte ton père et ta mère.
Ne tue personne.
Ne trompe pas ta femme ou ton mari.
Ne vole pas.
Ne dis pas de mensonge contre quelqu'un.
Ne cherche pas à prendre ce qui est à ton prochain. »

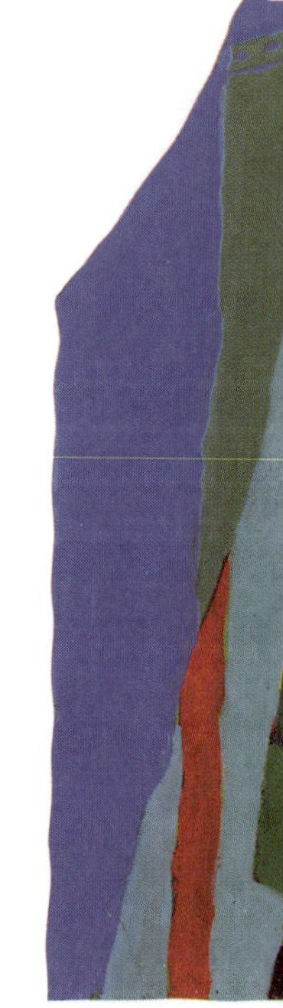

Ensuite, avec l'aide de tout le peuple,
Moïse fabrique une tente magnifique.
A l'intérieur, il y a un coffre recouvert d'or,
avec, sur son couvercle, deux anges en or.
Dans ce coffre Moïse place les deux pierres
où les paroles de Dieu sont écrites.

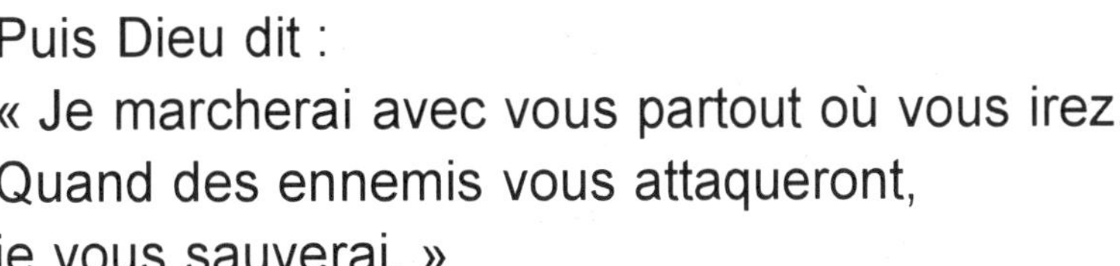

Puis Dieu dit :
« Je marcherai avec vous partout où vous irez.
Quand des ennemis vous attaqueront,
je vous sauverai. »

Alors les Israélites se remettent en route
et continuent leur marche dans le désert.

Enfin, ils arrivent près d'une rivière, le Jourdain.
De l'autre côté,
ils voient le pays que Dieu leur a promis.

C'est un beau pays.
Là, ils pourront habiter en paix avec leurs enfants.
Là, les Israélites pourront servir Dieu
et être heureux.

Ruth

Des années passent.
Une femme appelée Noémi habite avec son mari
dans un village appelé Bethléem.
Ils ont deux fils.

A ce moment-là, il y a une famine dans le pays.
Ils décident donc de quitter Bethléem.
Ils prennent tout ce qu'ils ont
et vont dans un pays étranger.
Là, ils s'installent.

Au bout de quelque temps, le mari de Noémi meurt.

Mais leurs deux fils grandissent
et se marient avec des filles de ce pays :
l'une s'appelle Orpa et l'autre Ruth.

Dix ans plus tard, les deux fils meurent aussi.
Noémi reste seule, sans enfant et sans mari.
Elle n'a plus qu'Orpa et Ruth, ses belles-filles.

Un jour,
Noémi apprend que Dieu a été bon avec son peuple
et que la famine est terminée.
Alors elle dit à ses belles-filles :
« Je retourne à Bethléem,
on y trouve de la nourriture maintenant.
Mais vous, restez ici, dans votre pays,
rentrez chacune chez votre mère. »

Orpa retourne chez elle, mais Ruth répond à Noémi :
« Ne me force pas à te quitter pour rentrer chez moi.
Là où tu iras, j'irai.
Là où tu habiteras, j'habiterai.
Ton peuple sera mon peuple,
et ton Dieu sera mon Dieu. »

Alors les deux femmes marchent ensemble
jusqu'à Bethléem.
Elles arrivent
au moment où on commence à récolter l'orge.

Les gens sont surpris de les voir et ils disent :
« Tiens, est-ce que c'est Noémi ... ? »

Ruth va dans les champs en dehors du village.
Elle ramasse les épis de blé qui restent
derrière ceux qui récoltent.
Le champ où elle va
est celui d'un homme appelé Booz.

Quand Booz arrive de Bethléem,
il demande au chef des ouvriers :
« Qui est cette jeune femme ? »
Le chef des ouvriers répond :
« C'est Ruth, cette étrangère
qui est revenue avec Noémi. »

Booz est vraiment bon pour Ruth.
Il dit à ses serviteurs :
« Enlevez même quelques épis des gerbes
et laissez-les par terre
pour qu'elle en ramasse beaucoup. »
Et au moment du repas, Booz dit à Ruth :
« Viens manger avec nous », et il lui tend des épis grillés.
Elle peut manger tant qu'elle veut.

Le soir, quand Ruth revient à la maison,
Noémi est très contente.
Elle dit à Ruth :
« Tu as ramassé beaucoup d'épis
aujourd'hui !
Dans quel champ
est-ce que tu as travaillé ? »
« J'ai travaillé dans le champ d'un homme
qui s'appelle Booz »,
répond Ruth.
Alors Noémi s'écrie :
« Booz, c'est un de nos cousins !
Il prendra certainement soin de nous.
Continue à aller dans ses champs
pour ramasser des épis. »

Un jour, Booz va à l'entrée du village,
là où on discute les affaires.
Il dit aux gens :
« Je ne veux pas que Noémi et Ruth restent seules.
Je vais acheter à Noémi
tout ce qui appartenait à son mari et à ses fils.
Et je vais me marier avec Ruth. »
Tous ceux qui sont là répondent :
« Oui, nous sommes témoins !
Que Dieu bénisse la femme qui entre dans ta maison !

Dieu bénit Ruth, elle attend un enfant.
Ruth et Booz ont un garçon.
Alors Noémi prend l'enfant, elle le serre sur son cœur
et elle prend soin de lui.
Les voisines disent :
« Dieu est bon.
Maintenant, il y a de nouveau un fils dans la famille de Noémi. »

Le roi David

De nombreuses années passent.
Le fils de Ruth et Booz a grandi.
Il s'est marié et il a des enfants et des petits-enfants.
L'un de ses petits-enfants s'appelle David.
Il habite à Bethléem.
Il est le plus jeune de la famille,
et c'est lui qui prend soin des moutons de son père.
Le roi d'Israël s'appelle Saül.

Un jour, Dieu dit au prophète Samuel :
« Va à Bethléem.
Là bas, verse de l'huile sur la tête de David
pour montrer que plus tard, il sera le roi d'Israël. »

Mais une fois de plus,
les ennemis d'Israël, les Philistins, attaquent le pays.
Alors, Saül rassemble ses soldats.
Trois frères de David partent aussi avec eux
pour combattre les Philistins.

Au bout de quelque temps, David va voir ses frères.
Il apprend que Saül et ses soldats ont très peur.
En effet, chaque matin un géant sort du camp des Philistins
et s'avance vers les Israélites.

Ce géant s'appelle Goliath.
Il mesure près de trois mètres.
Il porte une cuirasse et un casque.
En plus, il a une lance et une énorme épée.
Il crie : « Qui a le courage de se battre avec moi ?
Envoyez-moi quelqu'un, et on verra qui gagnera.
Ah ! Ah ! Vous avez peur, n'est-ce pas ? »

Alors David va voir le roi Saül et lui dit :
« Ecoute, personne ne doit se décourager à cause de ce Philistin.
Moi, j'irai me battre contre lui.
En effet, pour défendre les moutons de mon père,
j'ai déjà frappé des lions et des ours.
Le Seigneur m'a protégé des griffes du lion et de l'ours.
Il va aussi me protéger contre ce Philistin. »
Saül répond : « Pars donc, et que le Seigneur reste avec toi ! »

David va chercher cinq pierres bien lisses au bord du torrent.
Il les met dans son sac de berger.
Il prend aussi sa fronde à la main.
Goliath regarde David, le méprise et crie :
« Viens ici, je vais donner ton corps à manger
aux oiseaux et aux bêtes sauvages. »
Mais David court très vite vers Goliath,
prend une pierre dans son sac
et la lance avec sa fronde contre le front de Goliath.

La pierre s'enfonce dans le front de Goliath.
Le géant tombe, il est mort.

Quand les Philistins voient que leur champion est mort ils s'enfuient.

Mais les Israélites chantent et dansent de joie.
Ils crient : « David est un héros !
Sans épée, il a vaincu le Philistin !
Avec sa fronde et une pierre, il l'a tué ! »

Des années plus tard, le roi Saül meurt.
Les Israélites veulent que David devienne leur roi.
Et Dieu le veut aussi.
Alors, David devient roi d'Israël
et il s'installe à Jérusalem, dans un grand palais.

Et voici ce que David se rappelle :
Autrefois, les Israélites avaient marché dans le désert
pour aller dans le pays que Dieu leur avait promis.
Moïse avait écrit les commandements de Dieu
sur deux grandes pierres plates.
Et il avait placé ces deux pierres dans un coffre recouvert d'or.

David fait donc venir ce coffre à Jérusalem.
Ce jour-là, les Israélites font une grande fête,
et David danse aussi.

Plus tard,
le fils de David, Salomon, construit à Jérusalem
un Temple magnifique
et on y dépose aussi le coffre doré.
Alors,
les prêtres commencent à faire leur travail au Temple
et les gens y viennent pour prier Dieu.

Chaque année,
il y a plusieurs grandes fêtes au Temple
et les gens viennent de partout.
Ils se réjouissent ensemble
et remercient Dieu pour tout ce qu'il a fait.

Jonas

Un jour, Dieu donne cet ordre à un Israélite, Jonas :
« Debout, va à Ninive, la grande ville.
Dis à ses habitants :
Dieu en a assez de voir tout le mal que vous faites. »

Jonas part, mais pour s'enfuir loin de Dieu.
Il descend à Jaffa, au bord de la mer.
Là, il voit un bateau.
Il paie son voyage.
Puis il monte dans le bateau,
pour aller dans un autre pays, très loin de Ninive.

Mais Dieu envoie un vent violent
et il y a une grande tempête sur la mer.
Le bateau risque même de se casser.
Les marins ont très peur et crient : « Au secours ! »

Pendant ce temps,
Jonas est descendu au fond du bateau,
il s'est couché et il dort profondément.

Alors le capitaine du bateau s'approche de lui
et lui dit :
« Quoi ? Tu dors ?
Lève-toi, appelle ton Dieu.
Il pensera peut-être à nous,
et nous ne mourrons pas. »

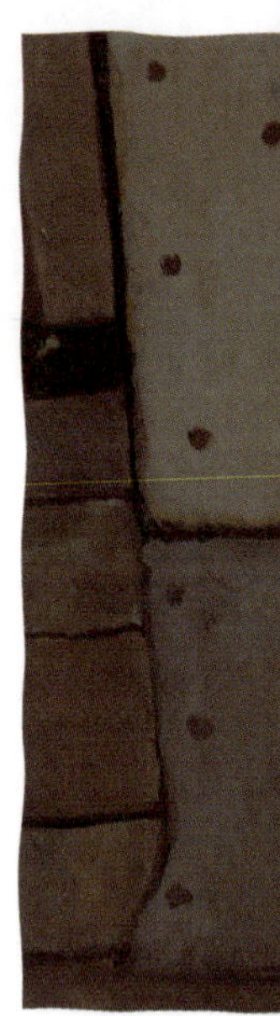

Quand Jonas voit ce qui se passe,
il se rend compte
que ce malheur arrive à cause de lui.
Alors il raconte son histoire aux marins en disant :
« Je suis hébreu, j'adore le Seigneur,
le Dieu qui a fait le ciel, la mer et la terre.
Mais je me suis enfui loin du Seigneur.
C'est pourquoi il a envoyé cette tempête. »
Les marins demandent à Jonas :
« Qu'est-ce que nous devons faire de toi
pour que la mer se calme autour de nous ? »

Jonas répond :
« Jetez-moi dans la mer.
Ainsi la mer redeviendra calme. »

Les marins ne veulent pas jeter Jonas dans la mer.
Il rament donc pour retourner à la côte,
mais ils n'y arrivent pas.
Puis, ils font enfin ce que Jonas leur a dit :
ils le jettent dans la mer.
Alors la tempête cesse, la mer se calme.

Jonas disparaît sous l'eau
et Dieu envoie un grand poisson pour avaler Jonas.
Dans le ventre du poisson, Jonas prie Dieu :
« Je crie vers toi, Seigneur.
Du fond de la mer, j'appelle au secours.
Entends ma voix, sauve-moi. »

Au bout de trois jours, Dieu commande au poisson :
« Recrache Jonas sur la terre ! »
Et le poisson obéit.
Alors, une deuxième fois, Dieu dit à Jonas :
« Debout ! Va à Ninive, la grande ville.
Annonce à ses habitants ce que je te dirai. »

Alors Jonas se lève et il part.
Mais cette fois, il obéit à Dieu, il va à Ninive.

Jonas entre dans la ville de Ninive
et il annonce aux gens d'une voix forte :
« Dans quarante jours, Ninive sera détruite ! »
Les gens de Ninive et le roi croient ce que Jonas dit.

Alors le roi se lève de son trône.
Il enlève son habit de roi et met un vêtement de deuil,
il s'assoit sur de la cendre pour montrer sa tristesse.
Ensuite, il dit aux habitants de Ninive :
« Il est interdit à tout le monde, même aux animaux,
de manger ou de boire !
Tout le monde doit mettre des vêtements de deuil !
Chacun doit crier vers Dieu de toutes ses forces.
Chacun doit cesser de faire le mal
et d'être violent avec les autres !
Dieu changera peut-être d'avis,
il ne sera plus en colère contre nous,
et nous ne mourrons pas. »
Et Dieu voit leurs efforts pour cesser de faire le mal.
Alors il change d'avis
et ne détruit pas la ville de Ninive.

Jonas attend en dehors de Ninive
et il voit que rien ne se passe dans la ville.
Il n'est pas content du tout et se met en colère.
Il dit à Dieu : « Ah ! Seigneur, je le savais bien !
Tu aimes être bon avec les hommes
et tu regrettes tes menaces. »

Alors le Seigneur fait pousser une plante à côté de Jonas.
Elle lui donne de l'ombre
et le guérit de sa mauvaise humeur.
Jonas est rempli de joie à cause de la plante.

Mais le lendemain,
un ver pique la plante et la plante sèche.
Le soleil tape sur la tête de Jonas,
et Jonas dit : « J'aimerais mieux être mort ! »
Alors Dieu lui demande : « Est-ce que tu as raison
d'être en colère à cause de cette plante ? »
« Oui, j'ai bien raison d'être en colère
et de souhaiter la mort »,
dit Jonas.
Et Dieu répond :
« Toi, tu as pitié de cette plante.
Alors moi, est-ce que je ne peux pas avoir pitié
de tous les habitants
et de tous les animaux de Ninive ? »

Zakarie et Elisabeth

Dans le peuple juif, il y a un prêtre appelé Zakarie.
Sa femme s'appelle Elisabeth.
Tous les deux sont déjà vieux
et ils n'ont pas d'enfant.
Un jour, Zakarie quitte sa maison.
Il va à Jérusalem.

C'est là que se trouve le Temple, la maison de Dieu.
Les gens y viennent pour prier.
Les prêtres y font leur travail :
ils apportent des offrandes à Dieu,
ils prient et ils chantent ses louanges.
Les prêtres travaillent chacun à son tour.
Cette fois-ci, c'est Zakarie qui entre dans le Temple
pour apporter l'offrande :
il fait brûler le parfum d'encens.

La fumée monte.
Tout à coup, un ange de Dieu se montre,
à droite de l'autel.
Zakarie a très peur.
Mais l'ange lui dit :
« N'aie pas peur, Zakarie.
Oui, Dieu a entendu ta prière.
Elisabeth, ta femme, te donnera un fils.
Tu l'appelleras Jean.
Il sera un grand serviteur de Dieu.
Il parlera aux gens du Sauveur qui va venir
Il fera la paix entre les pères et leurs enfants.
Il changera le cœur de ceux qui n'obéissent pas à Dieu.

Zakarie dit :
« Comment savoir que c'est vrai ?
Je suis bien vieux et ma femme aussi est âgée. »
L'ange lui répond :
« Tu n'as pas cru à mes paroles.
Tu ne pourras donc plus parler
jusqu'au jour où votre fils naîtra.
Tout cela arrivera sûrement.
En effet, c'est Dieu qui l'a dit. »

Pendant ce temps, les gens attendent Zakarie.
Ils s'étonnent de le voir rester si longtemps
dans le Temple.
Quand il sort pour bénir les gens,
il ne peut pas leur parler.
Il leur fait des signes, mais il reste muet.

Quand Zakarie a fini son temps de service dans le Temple,
il rentre chez lui.
Il ne peut pas raconter à sa femme
tout ce qui est arrivé.
Alors il écrit pour elle :
« Un ange du Seigneur m'a dit :
vous aurez un fils, et vous l'appellerez Jean. »
Elisabeth est très heureuse.
Elle se dit :
« Le Seigneur s'est occupé de moi,
il a enlevé ma tristesse. »

L'ange va aussi auprès de Marie,
une jeune femme qui habite à Nazareth.
Il dit :
« Réjouis-toi Marie. Dieu est avec toi.
Tu auras un fils.
Tu l'appelleras Jésus.
Dieu fera de lui le roi du peuple d'Israël,
et il sera roi pour toujours. »

Marie va vite chez Elisabeth,
qui est de sa famille.
Elles sont très contentes de se revoir.
Elles ont tant de choses à se raconter !
Ensemble, elles remercient Dieu
parce qu'il n'a pas oublié son peuple.

Le fils d’Elisabeth et de Zakarie est né.

Les voisins viennent féliciter les parents.
Tout le monde est dans la joie.

Les voisins demandent :
« Comment s'appellera votre fils ?
Sûrement Zakarie, comme son père ! »
« Non, dit Elisabeth, il s'appellera Jean. »
Et Zakarie écrit sur une planche :
Son nom est Jean.

Au même moment, Zakarie peut de nouveau parler.
Il se met à chanter :
« Chantons les louanges du Seigneur, le Dieu d'Israël.
Il vient au secours de son peuple.
Il nous donne un grand Sauveur.
C'est lui qui nous apportera la paix. »

La naissance de Jésus

A cette époque, l'empereur Auguste, à Rome,
donne l'ordre de faire un recensement :
« Chaque habitant de l'Empire romain
doit se faire inscrire dans la ville de ses ancêtres ! »
Ainsi Joseph, de Nazareth en Galilée
doit se rendre en Judée, à Bethléem.
C'est la ville du roi David.
En effet, David est l'ancêtre de Joseph.
Joseph se fait inscrire avec Marie, sa femme.
Elle attend un enfant.

Pendant qu'ils sont à Bethléem
le moment arrive où Marie doit accoucher.
Elle met au monde un fils, son premier enfant.
Elle l'enveloppe dans une couverture
et elle le couche dans une étable.
En effet, il n'y a pas de place pour eux
dans la maison où logent les voyageurs.

Dans la même région, il y a des bergers.
Ils passent la nuit dans les champs
pour garder leur troupeau.

Soudain,
un ange de Dieu se présente devant eux.
La gloire de Dieu les enveloppe de lumière.
Alors ils ont très peur.

Mais l'ange leur dit :
« N'ayez pas peur.
Ecoutez ! Je viens vous annoncer une bonne nouvelle.
Ce sera une grande joie pour tout votre peuple.
Aujourd'hui, dans la ville de David,
un Sauveur est né pour vous.
C'est le Christ, le Seigneur.
Voici comment vous allez le reconnaître :
vous trouverez un petit enfant dans une étable,
il est enveloppé dans une couverture
et couché dans une mangeoire. »

Tout à coup, il y a encore beaucoup d'autres anges.
Ils chantent les louanges de Dieu :
« Gloire à Dieu là-haut, dans le ciel,
et sur la terre paix aux hommes !
Dieu les aime ! »

Les anges quittent les bergers et retournent au ciel.
Les bergers se disent entre eux :
« Allons jusqu'à Bethléem
et voyons ce qui est arrivé,
ce que Dieu nous a fait connaître. »
Ils partent vite.

Ils trouvent Marie et Joseph dans l'étable
et le petit enfant couché dans la mangeoire.
Quand ils l'ont vu,
ils racontent tout ce que l'ange leur a dit
sur cet enfant.

Plus tard, des savants qui observent les étoiles
viennent de l'est et arrivent à Jérusalem.
Ils ont vu une nouvelle étoile, à l'est.
Et maintenant, elle avance devant eux...

Tout à coup, elle s'arrête,
au-dessus de l'endroit
où l'enfant se trouve.
Les savants sont alors
remplis d'une très grande joie :
ils sont arrivés au but.

Les savants entrent dans la maison,
et ils voient l'enfant avec Marie, sa mère.
Ils se mettent à genoux et adorent Jésus.

Ensuite, ils ouvrent leurs bagages
et ils lui offrent des cadeaux :
de l'or, de l'encens et de la myrrhe.

Jésus à l'âge de douze ans

Jésus habite avec son père et sa mère à Nazareth.
Son père est charpentier.

Jésus grandit et se développe.
Il est rempli de sagesse.
Dieu est avec lui.

Chaque année, les parents de Jésus
vont à Jérusalem pour la fête de la Pâque.
Maintenant, Jésus a douze ans.
Il peut les accompagner.

C'est la fête à Jérusalem.
Les gens sont heureux.
En effet, ils se rappellent ceci :
Israël, le peuple de Dieu était esclave en Egypte.
Mais Dieu a sauvé les Israélites.

Il les a libérés
et il leur a donné un pays nouveau, le pays de Canaan.
Au Temple, les gens remercient Dieu pour cela
et lui apportent des offrandes.
La fête de la Pâque dure une semaine entière !

La fête est finie.
Joseph et Marie retournent à la maison.
Mais l'enfant Jésus reste à Jérusalem,
et ses parents ne s'en aperçoivent pas.
Ils pensent :
Jésus marche avec d'autres voyageurs.

Le soir, ils cherchent Jésus
parmi leurs parents et leurs amis.
Mais ils ne le trouvent nulle part.

Le père et la mère de Jésus sont inquiets
et ils retournent à Jérusalem en le cherchant.

Pendant ce temps,
Jésus est resté dans le Temple.
Il est assis au milieu des maîtres juifs.
Il les écoute et leur pose des questions.
Il veut parler de Dieu
et de ce qui est écrit dans les Livres Saints.
Tout le monde est étonné
d'entendre ce qu'il dit
et de voir tout ce qu'il comprend.

Enfin, au bout de trois jours,
Joseph et Marie le retrouvent.
Sa mère lui dit :
« Mon enfant,
pourquoi est-ce que tu nous as fait cela ?
Ton père et moi, nous étions très inquiets.
Nous t'avons cherché partout. »

« Pourquoi ? dit Jésus.
Vous ne savez donc pas
que je dois être dans la maison de mon Père ? »
Mais ses parents ne comprennent pas ce qu'il dit.

Jésus retourne avec eux à Nazareth.
Marie continue à penser à ce qu'il a dit.

Jésus grandit,
sa sagesse se développe.
Dieu l'aime, tout le monde l'aime.

Le mariage à Cana

Des années après, il y a un mariage
dans le village de Cana, en Galilée.

La mère de Jésus est là.
On a aussi invité Jésus à ce mariage,
avec les hommes qui le suivent, les disciples.

Tout le monde mange et boit,
et à un moment, il n'y a plus de vin.
Le responsable de la fête ne sait plus quoi faire.
Alors, Marie va dire à Jésus :
« Les gens n'ont plus de vin. »

Mais Jésus lui répond :
« Mère, qu'est-ce que tu veux ?
Ce n'est pas encore le moment pour moi. »

La mère de Jésus dit alors aux serviteurs :
« Faites tout ce qu'il vous dira. »

Il y a là six grands récipients de pierre.
Chacun d'eux peut contenir environ 100 litres d'eau.
Les Juifs se servent de cette eau
pour se laver selon leurs règles religieuses.

Jésus dit aux serviteurs :
« Remplissez ces récipients avec de l'eau. »

Les serviteurs les remplissent jusqu'au bord.

Ensuite, Jésus leur dit :
« Maintenant, prenez de cette eau
et apportez-la au responsable de la fête. »

Le responsable de la fête goûte l'eau.
Mais ce n'est plus de l'eau ! C'est du vin !
Il ne sait pas d'où vient ce vin.
Les serviteurs qui ont pris de l'eau dans les récipients, eux, le savent bien.

Alors le responsable de la fête appelle le marié.
Il lui dit :
« Tout le monde sert d'abord le bon vin.
Puis, quand les invités ont beaucoup bu,
on sert le vin moins bon.
Mais toi, tu as gardé le meilleur vin
jusqu'à maintenant ! »

C'est le premier miracle que Jésus fait.
Jésus montre ainsi la gloire que Dieu lui donne,
et ses disciples croient en lui.

Jésus et ses disciples

Voici comment Jésus a trouvé ses premiers disciples:
Un jour, il marche au bord du lac de Galilée.
Il voit deux pêcheurs.
Ce sont deux frères, Simon et André.
Ils sont en train de jeter un filet à l'eau.

Jésus les appelle :
« Venez avec moi.
Je vais vous donner un autre travail.
Je ferai de vous des pêcheurs d'hommes. »
Aussitôt ils laissent leurs filets
et ils suivent Jésus.

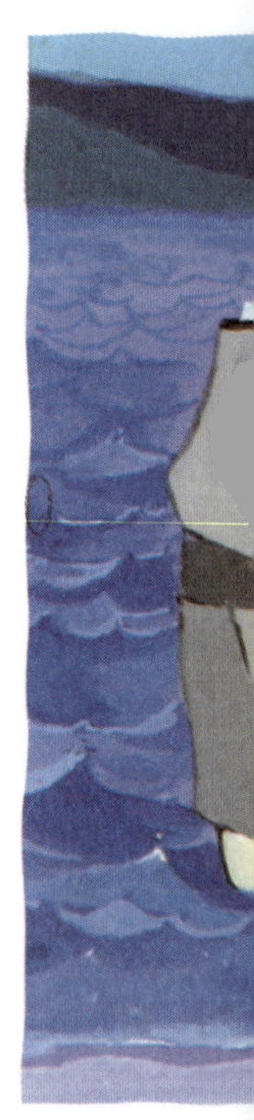

Ensemble, ils avancent un peu plus loin.
Et voici de nouveau deux pêcheurs.
Ils sont aussi frères et ils s'appellent Jacques et Jean.
Ils aident leur père.
Jésus les appelle également.
Aussitôt ils laissent leur barque et leur père
et ils suivent Jésus.

En chemin, Jésus voit un homme
assis au bureau où on fait payer les impôts.
Il s'appelle Matthieu
et il est collecteur d'impôts.
Jésus lui dit : « Suis-moi ! »
Aussitôt Matthieu se lève et il suit Jésus.

C'est ainsi que Jésus va rassembler douze hommes.

Ils restent près de lui et le suivent.
Maintenant, on les appelle ses disciples.

Les disciples voient ce que Jésus fait.
Ils écoutent bien ce qu'il dit.
Ils apprennent beaucoup de choses avec lui.

D'autres gens, très nombreux,
viennent aussi écouter Jésus.
Jésus dit :
« Commencez à vivre d'une façon toute nouvelle :

Toi, par exemple,
quand on te demande quelque chose,
donne-le.
Ne le fais pas avec mauvaise humeur,
mais de bon cœur.
Et quand tu donnes de l'argent aux pauvres,
n'essaie pas de te faire remarquer.

Tu es gentil avec tes amis, c'est normal.
Mais si quelqu'un est méchant avec toi
et que tu veux quand-même être son ami...
c'est cela qui est bien !

Ne dis à personne :
“Imbécile ! Fou ! Tu es stupide !”
Toi-même,
est-ce que tu vaux vraiment mieux que les autres ?

Quand tu pries, dis :
Notre Père qui es dans les cieux,
ton nom est saint.
Fais que tout le monde le connaisse !
Fais venir ton Royaume.
Fais que nous obéissions à ta volonté sur la terre,
comme on t'obéit dans le ciel.
Donne-nous aujourd'hui le pain qu'il nous faut.
Pardonne-nous le mal que nous avons fait,
comme nous pardonnons à ceux qui nous ont fait du mal.
Et ne permets pas que nous soyons tentés.
Mais libère-nous de l'esprit du mal.
Oui, le Royaume, la puissance et la gloire
sont à toi pour toujours.
Amen. »

Ensuite, Jésus dit à ses disciples :
« Maintenant, partez d'ici.
Bientôt, Dieu montrera
que c'est lui, le roi de toute la terre !
Allez dire cela à tout le monde.
Aidez les gens et guérissez les malades.
Croyez-moi, je ne vous laisserai pas seuls. »

Jésus guérit un paralysé

Un jour,
Jésus se trouve dans une maison, à Capernaüm.
Il annonce la parole de Dieu.
Les gens sont venus de tous les villages
pour l'écouter.
Il y a une si grande foule
qu'il ne reste plus de place,
même pas dehors, devant la porte.

D'autres gens arrivent alors.
Ils amènent sur une natte
quelqu'un qui est paralysé.
Ils cherchent à faire entrer le malade
dans la maison
et à le placer devant Jésus.

Mais ils n'arrivent pas à le présenter à Jésus
à cause de la foule.
Alors ils montent sur le toit.

Ils enlèvent une partie du toit
au-dessus de l'endroit où Jésus se trouve.

Par ce trou, ils font descendre le paralysé
couché sur sa natte,
au milieu de tous, devant Jésus.

Quand Jésus voit la foi de ces gens,
il dit au malade :
« Mon ami, tes péchés te sont pardonnés. »

Quelques maîtres de la loi entendent cela
et ils pensent :
« Quoi ? Aucun homme ne peut pardonner les péchés !
Dieu seul peut le faire !
Ce Jésus insulte Dieu ! »

Jésus comprend tout de suite
ce que les maîtres de la loi pensent. Il leur dit :
« Pourquoi avez-vous ces pensées-là ?
Qu'est-ce qui est plus facile :
dire au paralysé : "Tes péchés sont pardonnés"
ou lui dire : "Lève-toi, prends ta natte et marche" ?
Eh bien, je veux vous le montrer :
moi, j'ai le pouvoir sur la terre
de pardonner les péchés. »

Alors Jésus dit au paralysé :
« Lève-toi, prends ta natte et rentre chez toi ! »

Aussitôt, devant tout le monde,
l'homme se lève.
Il prend sa natte et il sort.

Tous les gens sont très étonnés.
Ils disent :
« Nous n'avons jamais vu une chose pareille !
Vraiment, Dieu est grand ! »

Jésus dans la tempête

Un jour, Jésus monte dans une barque
avec ses disciples.
Il leur dit :
« Allons de l'autre côté du lac. »

Pendant la traversée, Jésus s'endort.

Soudain, un vent violent se met à souffler sur le lac.

LE KORT

L’eau entre dans la barque
et ils sont tous en danger.
Mais Jésus dort.

Les disciples s'approchent de Jésus
et lui disent :
« Maître, maître, nous allons mourir ! »

Jésus se réveille et leur répond :
« Pourquoi avez-vous peur ?
Avez-vous si peu confiance ! »

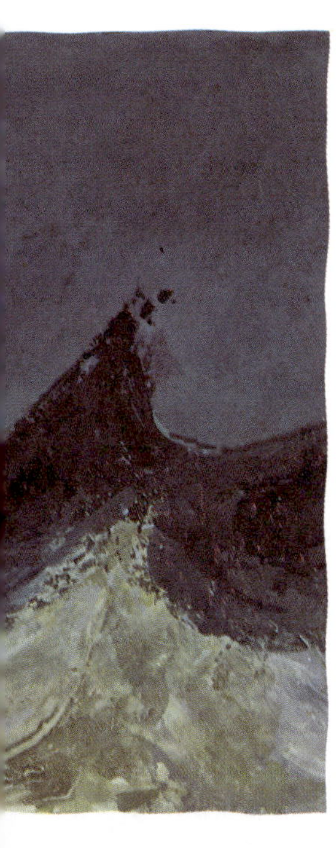

Alors il se lève
et parle sévèrement aux vents et à l'eau.

Aussitôt tout devient très calme.

Les disciples sont effrayés
et ils se disent entre eux :
« Qui donc est cet homme ?
Même le vent et l'eau lui obéissent ! »

La fille de Jaïrus

Jésus revient en barque de l'autre côté du lac.
Beaucoup de gens l'attendent au bord de l'eau.
Tous l'accueillent avec joie.

Un homme s'avance.
C'est un des chefs de la maison de prière,
il s'appelle Jaïrus.
Il se jette aux pieds de Jésus et le supplie :
« Ma fille est mourante !
Elle n'a que douze ans, et je n'ai qu'un seul enfant.
Viens poser tes mains sur sa tête
pour qu'elle guérisse et qu'elle vive ! »
Jésus s'en va avec Jaïrus.
Les disciples et les autres gens les suivent.

En route, ils rencontrent quelqu'un
qui arrive de chez Jaïrus.
Il dit à Jaïrus : « Ta fille est morte.
Ce n'est plus la peine de déranger Jésus. »

Mais Jésus
a entendu ces mots
et il dit à Jaïrus :
« N'aie pas peur,
ta fille sera sauvée.
Aie confiance en moi. »

Ils continuent à marcher
et arrivent à la maison de Jaïrus.

Les voisins se tiennent devant la porte.
Ils pleurent et poussent de grands cris.
Jésus leur demande :
« Pourquoi est-ce que vous pleurez ?
L'enfant n'est pas morte, mais elle dort. »

Les gens se moquent de Jésus.
En effet, ils savent qu'elle est morte.

Alors Jésus renvoie tout le monde.
Il prend avec lui seulement
le père et la mère de l'enfant et trois disciples.

Il entre dans la pièce où l'enfant se trouve.
Jésus la prend par la main.
Il lui dit : « Mon enfant, réveille-toi ! »

La fille ouvre les yeux.
Elle vit de nouveau.

Elle se lève tout de suite.
Jésus dit :
« Donnez-lui à manger. »

Ses parents sont vraiment très étonnés.
Mais Jésus leur donne cet ordre :
« Ne dites à personne ce qui s'est passé. »

Le bon Samaritain

Un jour, un maître de la loi demande à Jésus :
« Maître, qu'est-ce que je dois faire
pour vivre avec Dieu pour toujours ? »
« Qu'est-ce qui est écrit dans la loi de Dieu ?
Qu'est-ce que tu y lis ? » lui dit Jésus.
Le maître de la loi répond :
« Tu dois aimer le Seigneur ton Dieu
de tout ton cœur et de toutes tes forces.
Et tu dois aimer ton prochain comme toi-même. »
« Tu as bien répondu », dit Jésus.

Mais le maître de la loi demande :
« Et qui est mon prochain ? »
Alors, Jésus lui raconte cette histoire :

Un homme descend de Jérusalem à Jéricho.

Des bandits l'attaquent.

Ils lui prennent tout ce qu'il a, le frappent
et ils s'en vont en le laissant à moitié mort.

Par hasard, un prêtre descend aussi sur cette route.
Quand il voit l'homme,
il traverse la route et continue son chemin.

Un peu plus tard,
un serviteur du Temple
arrive à cet endroit.
Il voit l'homme,
il traverse la route
et continue son chemin,
lui aussi.

Enfin un homme revenant de Samarie,
un Samaritain,
arrive près de l'homme.
Il le voit,
et son cœur est plein de pitié pour lui.

Il s'approche, il le soigne
en versant de l'huile et du vin
sur ses blessures
et il lui met des bandes de tissu.

Ensuite, il le fait monter sur son âne

et il l'emmène dans une maison pour les voyageurs.

Là, le Samaritain s'occupe de l'homme blessé.
Le jour suivant,
il donne deux pièces d'argent
au propriétaire de la maison et il lui dit :
« Occupe-toi de cet homme.
Ce que tu dépenseras pour lui en plus,
je le rembourserai moi-même quand je reviendrai par ici. »

Et Jésus demande au maître de la loi :
« A ton avis,
lequel des trois voyageurs a été le prochain
de l'homme attaqué par les brigands ? »
« C'est le Samaritain, celui qui a été bon pour lui »,
répond le maître de la loi.
Alors Jésus lui dit :
« Tu as bien répondu.
Va, et toi aussi, fais comme lui ! »

Le fils perdu

Jésus raconte une autre histoire :
Un homme a deux fils.
Tous les deux travaillent la terre avec lui.

Un jour, le plus jeune dit à son père :
« Père, quand tu seras mort,
j'aurai droit à une partie de tout ce que tu possèdes.
Eh bien, donne-moi ma part d'héritage déjà maintenant. »
Alors, le père partage ce qu'il possède
entre ses deux fils.

Quelques jours après,
le plus jeune fils vend tout ce qu'il a reçu
et il part avec l'argent dans un pays éloigné.

Là, loin de chez lui,
il vit n'importe comment
et il dépense tout son argent.

Il ne lui reste bientôt plus un sou.
En plus il y a maintenant une grande famine dans le pays,
et le fils commence à manquer de tout.

Avec peine, il trouve du travail
chez un habitant de ce pays.
Cet homme l'envoie dans les champs
garder les cochons.

Mais le fils a tellement faim !
Il a même envie de manger la nourriture des cochons,
mais personne ne lui en donne.

Alors il se met à réfléchir.
Il se dit : « Chez mon père,
tous les ouvriers ont assez à manger,
ils en ont même trop !
Et moi, ici, je meurs de faim !
Je vais retourner chez mon père
et je vais lui dire :
Père, j'ai péché contre Dieu et contre toi.
Je ne mérite plus d'être appelé ton fils.
Mais fais comme si j'étais l'un de tes ouvriers. »

Le fils part pour retourner chez son père.
Il est encore loin de la maison,
mais son père l'attend déjà.

Son père le voit venir
et il est plein de pitié pour lui.
Il court à sa rencontre,
il le serre contre lui
et l'embrasse.

Alors le fils dit à son père :
« Père, j'ai péché contre Dieu
et contre toi.
Je ne mérite plus
d'être appelé ton fils... »

Mais le père dit à ses serviteurs :
« Vite ! Apportez le plus beau vêtement
et habillez mon fils.
Mettez-lui une bague au doigt
et des sandales aux pieds.
Amenez le veau qu'on a engraissé et tuez-le.
Mangeons et faisons la fête.
Mon fils était perdu et il est retrouvé ! »
Un peu plus tard,
le fils aîné revient des champs.
Il entend de la musique et demande ce qui se passe.
Un serviteur lui dit :
« Ton frère est revenu. »
Alors le fils aîné se met en colère
et il refuse d'entrer.
Le père sort, mais le fils dit :
« Ecoute ! Depuis longtemps, je travaille pour toi.
Et tu ne m'as jamais donné une petite chèvre
pour faire la fête avec mes amis.
Mais mon frère, lui, a gaspillé tout ton argent.
Maintenant il revient,
et tu fais tuer le veau gras pour lui ! »
Le père lui répond :
« Mon enfant, toi, tu es toujours avec moi.
Et tout ce qui est à moi est à toi.
Mais il fallait aujourd'hui faire la fête
et nous réjouir.
En effet, ton frère était mort
et il est revenu à la vie.
Il était perdu et il est retrouvé. »

Bartimée

Jésus se rend à Jérusalem.
Il s'approche de Jéricho avec ses disciples
et une grande foule.
Un aveugle est assis au bord du chemin
et mendie de l'argent.
Il s'appelle Bartimée.

Bartimée apprend
que c'est Jésus de Nazareth qui passe.

Il se met alors à crier :
« Jésus, Fils de David, aie pitié de moi ? »

Beaucoup de gens lui font des reproches
en lui disant :
« Tais-toi ! »

Mais Bartimée crie encore plus fort :
« Fils de David, aie pitié de moi ! »

Jésus s'arrête.
Il dit aux gens :
« Appelez-le. »

Les gens appellent donc Bartimée en lui disant :
« Courage ! Lève-toi, il t'appelle ! »

Bartimée jette son manteau,
il se lève d'un bond et va vers Jésus.

Jésus lui demande :
« Qu'est-ce que tu veux ?
Qu'est-ce que je peux faire pour toi ? »

L'aveugle lui dit :
« Maître,
fais que je puisse de nouveau voir ! »

Jésus lui dit :
« Va ! Ta foi t'a sauvé ! »

Aussitôt Bartimée voit de nouveau.

Et il suit Jésus en disant : « Gloire à Dieu ! »
En voyant cela,
tout le peuple chante les louanges de Dieu.

Zachée

Jésus et ses disciples entrent dans Jéricho
et ils traversent la ville.

Là, il y a un homme appelé Zachée.
C'est le chef des employés des impôts.
Il est riche.

Les gens ne l'aiment pas
parce qu'il travaille pour les Romains
et parce qu'il n'est pas honnête.

Zachée cherche à voir qui est Jésus.
Mais il n'y arrive pas.
En effet, il y a beaucoup de monde
et Zachée est petit.

Mais il veut absolument voir Jésus.
C'est pourquoi il court devant la foule
et il monte sur un arbre.

Jésus arrive à cet endroit.
Il lève les yeux et il dit à Zachée :
« Zachée, descends vite !
Aujourd'hui, je dois m'arrêter chez toi. »

Alors Zachée descend vite.

Il reçoit Jésus dans sa maison.

Quelle joie !

Les gens qui voient cela
ne sont pas contents du tout.
Ils disent :
« Voilà que Jésus s'arrête chez un homme malhonnête ! »

Mais à l'intérieur, Zachée dit à Jésus :
« Ecoute, Seigneur !
Je vais donner la moitié de mes richesses
aux pauvres.
Et si j'ai pris trop d'argent à quelqu'un,
je vais lui rendre quatre fois plus ! »

Alors Jésus lui dit :
« Aujourd'hui, Dieu a sauvé les gens de cette maison.
Oui, Zachée aussi est un fils d'Abraham !
Il fait partie du peuple de Dieu.
En effet, je suis venu
chercher et sauver ceux qui étaient perdus. »

Les ouvriers dans la vigne

Jésus raconte aussi cette histoire :

Un homme possède une grande vigne.
C'est un vigneron.
Il sort le matin, de bonne heure,
pour embaucher des ouvriers pour sa vigne.
Il va à la place du marché
et il trouve des ouvriers qui attendent.
Il décide avec eux
de leur donner une pièce d'argent pour la journée.
Et il les envoie à la vigne.

Vers midi, le vigneron retourne à la place du marché.
Il voit d'autres hommes qui sont là
et qui ne font rien.
Il leur dit :
« Vous aussi, allez travailler dans ma vigne.
Je vous donnerai un salaire juste. »
Les ouvriers vont à la vigne.

Vers cinq heures de l'après-midi,
le vigneron retourne à la place du marché.
Il y trouve encore d'autres hommes.
Il leur demande :
« Pourquoi est-ce que vous restez là,
toute la journée, sans rien faire ? »

Ils lui répondent :
« Parce que personne ne nous a embauchés. »
Le vigneron leur dit alors :
« Vous aussi, allez travailler dans ma vigne. »

Quand le soir arrive,
le vigneron dit à son serviteur :

« Appelle les ouvriers et donne à chacun son salaire.
Commence par ceux que j'ai embauchés en dernier. »

Ceux qui ont travaillé
à partir de cinq heures de l'après-midi
reçoivent chacun une pièce d'argent.
Alors ceux qui ont commencé à travailler tôt le matin
pensent : « Nous allons recevoir davantage. »

Mais eux aussi
reçoivent chacun une pièce d'argent.
Alors ils se mettent en colère contre le vigneron
et ils se plaignent.

L'un d'entre eux dit :
« Ces ouvriers sont arrivés en dernier.
Ils n'ont travaillé qu'une heure.
Mais nous, nous avons travaillé toute la journée.
Pourquoi est-ce que tu les as payés comme nous ? »

Le vigneron lui répond :
« Mon ami, je ne suis pas injuste avec toi.
Tu étais bien d'accord avec moi
pour recevoir une pièce d'argent pour la journée.
Prends ton argent et va-t'en.

Je veux donner
à cet ouvrier arrivé en dernier
autant qu'à toi.
J'ai le droit
de faire ce que je veux de mon argent,
n'est-ce pas ?
Ou bien, est-ce que tu es jaloux
parce que je suis bon ? »

Jésus ajoute :
« Ainsi, les derniers seront les premiers,
et les premiers seront les derniers. »

Les derniers jours de Jésus à Jérusalem

Jésus et ses disciples s'approchent de Jérusalem.
Tout en marchant Jésus appelle à lui
deux des disciples.

Il leur dit :
« Allez au village qui est devant vous.
Là, vous verrez une ânesse avec son ânon.
Détachez-les et amenez-les-moi.
Si on vous demande ce que vous faites, répondez :
Le Seigneur en a besoin,
mais ils pourront bientôt revenir. »

Les deux disciples partent
et ils font tout ce que Jésus leur a commandé.
Ils amènent l'ânesse et l'ânon.
Ils déposent leurs manteaux sur le dos de l'un,
et Jésus s'assoit dessus.
Ainsi, Jésus va à Jérusalem.

Beaucoup de gens voient Jésus arriver.
Ils étendent leurs manteaux sur le chemin.
Certains coupent des petites branches aux arbres
et les mettent aussi sur le chemin.
Les gens chantent :
« Vive notre roi !
Que Dieu bénisse celui qui vient en son nom !
Gloire à Dieu là-haut, dans le ciel ! »

Quand Jésus entre à Jérusalem,
tous les habitants sont bouleversés.
Ils demandent :
« Qui est cet homme ? »
La foule qui arrive leur répond :
« C'est le prophète Jésus,
de la ville de Nazareth en Galilée.
Vous voyez bien que les choses se passent
comme le prophète Zakarie l'avait écrit :
Regardez, habitants de Jérusalem !
Votre roi vient à vous !
Il est doux.
Il est monté sur le petit d'une ânesse. »

La fête de la Pâque arrive.
Jésus dit à deux de ses disciples :
« Allez préparer le repas de la Pâque
pour nous. »
Et il leur explique où ils doivent aller.
Les disciples partent
et préparent tout
pour le repas de la Pâque :
ils mettent aussi du pain et du vin
sur la table.

C’est le soir.
Jésus est à table, il mange avec les douze disciples.
Pendant le repas, Jésus dit tout à coup :
« Je vous l’affirme, c’est la vérité :
l’un de vous va me trahir. »
Les disciples deviennent tout tristes.

Ils lui demandent l'un après l'autre :
« Seigneur, est-ce que c'est moi ? »
Un des disciples sort, c'est Judas.
Il va dire aux chefs des prêtres
comment ils peuvent arrêter Jésus.

Les autres restent à table.
Alors, Jésus prend du pain.
Il dit la prière de bénédiction.
Il partage le pain et le donne à ses disciples.
Il dit : « Prenez et mangez ce pain,
c'est mon corps.
De cette façon, je vous donne ma vie. »

Ensuite, il prend une coupe de vin.
Il remercie Dieu
et il donne la coupe à ses disciples.
Il dit : « Prenez cette coupe et buvez-en tous,
c'est mon sang.
De cette façon, je vous donne ma vie.
Vos péchés seront pardonnés,
et vous appartiendrez à Dieu pour toujours. »

Ils chantent les psaumes de la fête
et remercient Dieu.
Après le repas, ils s'en vont hors de Jérusalem,
vers le mont des Oliviers.

Jésus arrive avec ses disciples
à un endroit appelé Gethsémané.
Il fait nuit.
Jésus dit à ses disciples :
« Asseyez-vous ici, attendez-moi.
Je vais prier là-bas. »

Jésus s'est réveillé de la mort

Jésus s'éloigne un peu des disciples.
Puis, il se jette à terre, le front sur le sol.
Et il prie en disant :
« Mon Père, si c'est possible,
ne me laisse pas souffrir,
ne me laisse pas mourir.
Pourtant, ne fais pas comme je veux,
mais comme tu veux ! »

Alors, Judas, l'un des douze disciples, arrive.
Il y a avec lui une foule de gens
que les chefs des prêtres ont envoyés.
Ils portent des armes et des bâtons.
Judas s'approche de Jésus et il l'embrasse.
Alors les autres s'approchent aussi
et ils arrêtent Jésus.

Ceux qui ont arrêté Jésus
l'emmènent chez Caïphe, le grand-prêtre.
Le grand-prêtre demande à Jésus :
« Est-ce que tu es le Messie, le Fils de Dieu ? »
« Je le suis », dit Jésus.
Alors le grand-prêtre dit à ceux qui l'entourent :
« Vous avez entendu ! Il a insulté Dieu !
Qu'est-ce que vous en pensez ? »
Ils lui répondent :
« Jésus doit mourir. »

Alors, ils amènent Jésus au palais de Pilate,
le gouverneur romain.
Les soldats lui enlèvent ses vêtements
et lui mettent un manteau rouge comme celui d'un roi.
Ils tressent une couronne
avec des branches épineuses
et la posent sur sa tête.
Ensuite, ils se moquent de lui en disant :
« Salut, roi des Juifs ! »
Les gens crient à Pilate :
« Cloue-le sur une croix !
Alors Pilate livre Jésus aux soldats
pour qu'ils le clouent sur une croix.

Les soldats emmènent Jésus
et l'obligent à porter lui-même sa croix.
Ils sortent de la ville
pour aller à un endroit appelé Golgotha.
Là, les soldats le clouent sur la croix.

Marie, la mère de Jésus et Jean, un des disciples,
se tiennent près de la croix.
Jésus dit à Marie :
« Mère, voici ton fils. »
Et à Jean, il dit :
« Voici ta mère. »

Ensuite, Jésus dit :
« Tout est achevé. »
Il baisse la tête et il meurt.

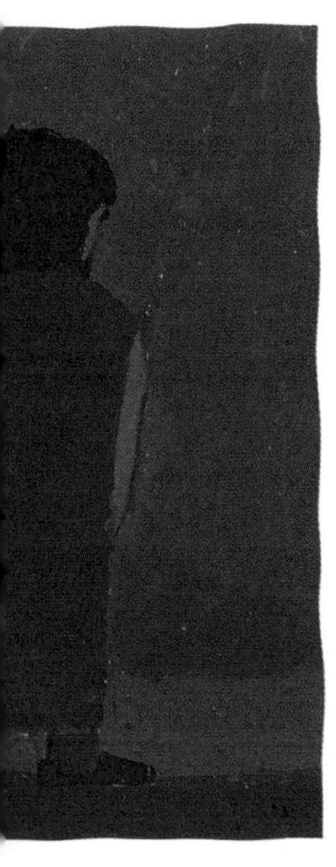

C'est le soir. Un homme riche arrive.
Il s'appelle Joseph.
Lui aussi est disciple de Jésus.
Pilate lui permet
de descendre le corps de Jésus de la croix.
Joseph l'enveloppe dans un drap neuf.
Il met le corps dans la tombe
qu'il avait fait creuser pour lui-même
dans le rocher.

Ensuite, il roule une grosse pierre
pour fermer l'entrée de la tombe,
et il s'en va.
Maintenant le sabbat a commencé.
Personne ne peut donc travailler
et s'occuper du corps de Jésus.

Mais le lendemain, dimanche matin, très tôt,
deux femmes vont voir la tombe.
Elles apportent l'huile et le parfum
qu'elles ont préparés pour le corps de Jésus.
Elles voient qu'on a roulé la pierre
qui fermait la tombe.
Elles entrent, mais elles ne trouvent pas
le corps du Seigneur Jésus.
Un ange leur dit :
« Jésus n'est pas ici,
il s'est réveillé de la mort.
Il est vivant.
Allez dire cela à ses disciples. »

Le même jour, deux disciples
vont à un village appelé Emmaüs.
C'est à deux heures de marche de Jérusalem.
Ils parlent ensemble
de tout ce qui vient de se passer.

Jésus lui-même s'approche
et il marche avec eux.
Mais quelque chose les empêche de le reconnaître.
Jésus leur demande :
« Vous discutiez de quoi en marchant ? »

Ils lui répondent :
« Nous parlions de ce qui est arrivé à Jésus de Nazareth.
Nous espérions qu'il allait libérer Israël.
Mais nos dirigeants l'ont fait condamner à mort.
On l'a cloué sur une croix,
voici déjà trois jours.
Quelques femmes disent qu'il est vivant.
Elles sont allées voir sa tombe,
mais il n'était pas là. »
Alors Jésus leur dit :
« Vous ne comprenez rien !
Les Livres Saints l'ont annoncé,
il fallait que le Messie, le Sauveur,
souffre de cette façon. »

Ils arrivent tous trois à Emmaüs.
Les deux hommes disent alors à Jésus :
« Reste donc avec nous !
C'est le soir, et bientôt il va faire nuit. »
Jésus entre dans la maison avec eux.
Il se met à table avec eux.
Il prend le pain et remercie Dieu.
Ensuite, il partage le pain et il le leur donne.
Alors les disciples voient clairement qu'il est là :
ils reconnaissent Jésus.

Mais au même moment, Jésus disparaît.
Les disciples se disent l'un à l'autre :
« Oui, il y avait comme un feu en nous
quand il nous expliquait les Livres Saints. »
Ensuite, ils retournent à Jérusalem
et racontent aux autres disciples ce qui s'est passé.
Et tous en sont sûrs :
Le Seigneur s'est vraiment réveillé de la mort !

Tout à coup, Jésus se montre au milieu des disciples.
Ils sont effrayés,
ils croient voir un fantôme.
Mais Jésus leur dit : « C'est bien moi !
Souvenez-vous, dans les Livres Saints il est écrit :
Le Messie va souffrir
et, le troisième jour, il se relèvera de la mort. »
Alors, les disciples sont pleins de joie
et très étonnés aussi.

Jésus va au ciel
La venue de l'Esprit Saint

Après sa mort,
Jésus se montre à ses disciples.
Il leur prouve de plusieurs façons
qu'il est bien vivant,
et il leur parle du Royaume de Dieu.

Un jour, pendant qu'il mange avec eux,
il leur donne cet ordre :
« Ne quittez pas Jérusalem,
mais attendez ce que le Père a promis.

Moi-même, je vous l'ai déjà annoncé :
Jean a baptisé avec de l'eau,
mais vous, dans quelques jours,
vous serez baptisés avec l'Esprit Saint. »

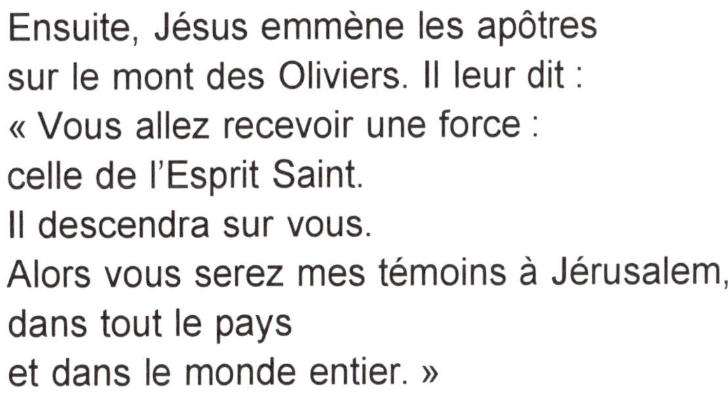

Ensuite, Jésus emmène les apôtres
sur le mont des Oliviers. Il leur dit :
« Vous allez recevoir une force :
celle de l'Esprit Saint.
Il descendra sur vous.
Alors vous serez mes témoins à Jérusalem,
dans tout le pays
et dans le monde entier. »

Après cela, Jésus monte au ciel
sous les yeux des apôtres.
Un nuage le cache
et ils ne le voient plus.
Mais ils continuent à regarder le ciel.

Tout à coup, deux hommes en vêtements blancs
sont à côté d'eux.
Ils disent aux apôtres :
« Pourquoi restez-vous là à regarder le ciel ?
Jésus vous a quittés pour aller au ciel.
Et il reviendra de la même façon
que vous l'avez vu partir. »

Alors les apôtres retournent à Jérusalem
et ils vont dans une pièce, en haut d'une maison.
C'est là qu'ils ont l'habitude de se réunir.

Il y a là les onze apôtres
et aussi quelques femmes,
avec Marie la mère de Jésus
et les frères de Jésus.
Ils prient fidèlement tous ensemble,
d'un seul cœur.

Le fête de la Pentecôte arrive.
Des Juifs de tous les pays du monde sont à Jérusalem.

Soudain, un bruit vient du ciel.
C'est comme un coup de vent très fort.
Le bruit remplit toute la maison où sont les disciples,
et ils sont tous remplis de l'Esprit Saint.
Ils annoncent les grandes choses que Dieu a faites.
Les Juifs venus de partout se rassemblent
et chacun entend les apôtres parler dans sa langue.
Ils sont tous très étonnés.

Pierre se lève et leur parle d'une voix forte :
« Ecoutez, Dieu vous a montré qui était Jésus de Nazareth.
Cet homme, vous l'avez fait clouer sur une croix.
Mais Dieu l'a relevé de la mort
et il l'a fait monter à côté de lui.
Jésus a reçu du Père l'Esprit Saint promis
et il nous l'a donné.

Maintenant, changez votre vie !
Chacun de vous doit se faire baptiser
au nom de Jésus-Christ.
Ainsi, Dieu pardonnera vos péchés
et il vous donnera l'Esprit Saint. »

Beaucoup de gens se font baptiser.
Chaque jour, tous ensemble,
ils prient fidèlement dans le Temple de Jérusalem.
Dans leurs maisons, ils mangent ensemble
et ils prennent le repas du Seigneur Jésus.
Ils chantent les louanges de Dieu.
Tout le monde les aime.

L’homme baptisé

Un homme important est en voyage.

Il vient d’un pays d’Afrique
et il arrive à Jérusalem.

Là, il va au Temple pour prier Dieu.

Ensuite, il repart pour son pays.
Il est assis dans une voiture à cheval
et il lit dans les Livres Saints,
le livre du prophète Esaïe.

Philippe est l'un des responsables
de l'Eglise à Jérusalem.
Il est là, sur la route,
et l'Esprit Saint lui dit :
« Avance, approche-toi de cet homme. »

Philippe y va en courant.
Il entend l'homme lire le livre du prophète Esaïe.
Philippe lui demande :
« Est-ce que tu comprends ce que tu lis ? »

L'homme répond :
« Comment est-ce que je peux le comprendre ?
Personne ne me l'explique ! »
Et il invite Philippe à monter dans la voiture
et à s'asseoir à côté de lui.

Ils continuent à lire ensemble
un passage du livre du prophète Esaïe
qui parle de la souffrance du Serviteur de Dieu.
A partir de ce passage des Livres Saints,
Philippe annonce la Bonne Nouvelle de Jésus
à cet homme venu d'Afrique.

Ils continuent leur chemin
et ils arrivent à un endroit où il y a de l'eau.
L'homme dit à Philippe :
« Voici de l'eau.
Est-ce que je peux être baptisé ?
Je veux appartenir à Jésus. »

Il fait arrêter la voiture.

Philippe et l'homme descendent dans l'eau.

Et Philippe le baptise
au nom du Père, du Fils et du Saint-Esprit.

Quand l'homme sort de l'eau, Philippe a disparu.
C'est l'Esprit du Seigneur qui l'a enlevé.

Mais l'homme venu d'Afrique
remonte dans sa voiture
et il continue son chemin.

Il est tout joyeux.
Il est baptisé.
Maintenant, il appartient pour toujours à Jésus
et il commence une vie nouvelle.

Dieu remet tout à neuf

Dieu a fait le ciel et la terre,
le soleil, la lune et les étoiles,
les arbres, les plantes et les bêtes,
les hommes, les femmes et les enfants.
Tout ce qu'il a fait est très bon.

Dieu dit aux hommes :
« Prenez bien soin de la terre.
Semez des graines et plantez des arbres,
occupez-vous des animaux,
construisez des maisons pour vos familles.
Il y a de la place pour tout le monde. »

Mais chacun pense d'abord à soi.
Les plus forts et les plus malins
veulent tout avoir pour eux.
Ils ne sont pas prêts à partager
et à aider les autres.
Et les autres n'ont plus rien.

Alors les gens se disputent, ils font la guerre.
Ils se tuent les uns les autres et détruisent tout.
Ils oublient de s'occuper de la terre.

Des enfants restent seuls,
sans leur père et leur mère.
Ils ont faim, ils ont froid, ils tombent malades.

Il faut faire quelque chose.

Alors il y a des gens qui se mettent au travail.
S'ils n'ont plus de maison, ils se fabriquent une tente.
Ils apprennent de nouveau à vivre ensemble.
Ils ont moins de choses qu'avant,
et pourtant ils partagent.

Jésus dit : « Ils sont heureux, ceux-là.
Ils n'ont presque plus rien
et pourtant ils donnent aux autres. »

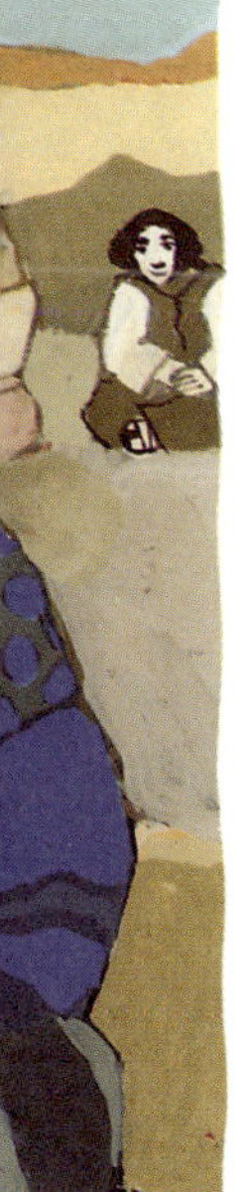

Quand les gens partagent, ils redeviennent amis,
Et de nouveau il y en a assez pour tout le monde :
Jésus est là.

Bien sûr,
il y a toujours des maladies, des accidents.
Des gens meurent.

Ceux qui sont morts ne sont plus là.
Et quand les vivants pensent à eux,
ils sont tristes.

Mais Jésus dit : « La vie, c'est moi.
Celui qui croit en moi aura la vie,
même s'il meurt.
Moi, j'étais mort,
mais maintenant je suis vivant.
Je reste avec vous tous les jours. »

Dieu va créer un ciel nouveau et une terre nouvelle.
On ne se souviendra plus des malheurs du passé.

Dieu remet tout à neuf.